建立一个国家

【法】玛丽昂·德穆林 / 著

【法】玛丽娜·佩萨罗多纳 / 绘

周游 / 译

上海社会科学院出版社
SHANGHAI ACADEMY OF SOCIAL SCIENCES PRESS

科学家们发现了一颗与地球非常相似，也适合人类居住的行星，并把它命名为阿斯特里亚斯。经过漫长的旅程，我们刚刚抵达这片无主之地。期待你来帮助我们在这个星球上建立一个全新的国家！

这个符号就是阿斯特里亚斯的标志。

国家的名称

世界各国国名的由来各不相同，有的与其居民相关，有的受其地理特征影响，还有的是由重要人物决定的。但是不管怎样，每个国家都有自己的名称。

你准备给新国家起个什么名字呢？

加拿大

加拿大（Canada）这个名称来源于易洛魁语中的 kanata，意思是“村庄”。

玻利维亚和哥伦比亚

这两个国家的名称来源于其历史上的重要人物。西蒙·玻利瓦尔为玻利维亚的大片领土从西班牙的殖民统治下获得独立做出了贡献，于是人们就用他的姓氏把这个国家命名为玻利维亚；而航海家克里斯托弗·哥伦布的名字则是哥伦比亚国名的出处。

厄瓜多尔

厄瓜多尔 (Ecuador) 这个名称的由来纯粹源于地理因素。赤道是一条将地球划分为南北两个半球的地理假想线，它恰好穿过这个国家，而西班牙语中 Ecuador 正是赤道的意思。

阿根廷

阿根廷 (Argentina) 国名的来源似乎可以追溯到发现南美大陆的时候。当地盛产白银，而且探险家们收到了许多用这种贵金属制成的礼物，所以他们就根据拉丁语中的“银子”一词 argentum 来给这个国家命名。

本书插图系原文插附地图

德国、英国和法国

世界上许多国家的名称都是以居住在这片土地上的民族来命名的。这种情况在欧洲最为常见，日耳曼人（les Alamans）的国家叫作德国（l'Allemagne）、盎格鲁人（les Angles）的国家叫作英格兰（l'Angleterre），而法兰克人（les Francs）的国家叫作法国（la France）。

本书插图系原文插附地图

布基纳法索

“布基纳”和“法索”这两个词分别来自当地的两种方言，组合起来的意思是“正人君子之国”。

科特迪瓦

科特迪瓦（Côte d'Ivoire）这个词在法语中的意思是“象牙海岸”，这个名称的来源可以追溯到殖民时期，那时人们在这里大量猎杀大象，然后把象牙运往欧洲。

日本

这个国家的名称来源于发音为 Nihon 的日文，意思是太阳升起的地方。此外，日本也常被称为“日出之国”。

南非、澳大利亚和中非共和国

与厄瓜多尔一样，南非、澳大利亚和中非共和国的名称都与它们的地理位置有关。拉丁语中，australis 的意思是“南方大陆”，这就是“澳大利亚（Australia）”这个名字的由来，其字面意思是“南方的国家”。南非是位于非洲大陆最南端的国家。而中非共和国，它的名称也是指它的地理位置，即位于非洲大陆的中心地带。

现在，请你来给新国家起个名字吧！

你会用自己的名字来给它命名吗？或者，你可以从这颗星球的名字中找一些灵感？也许，你已经想好了起名的方式？请使用以下字母，拼写出它的名称。你还可以根据自己的想象，在这些字母中间画出这个国家的特色（山脉、海滩、各种植物或动物，等等）。

一门新的语言

有些不同的国家使用同一种语言，不过随着时间的推移，这种语言会在不同国家间产生一些差异。例如，葡萄牙人和巴西人都说葡萄牙语，但他们所讲的葡萄牙语又有所不同。然而，大多数国家都有它们的专属语言，有的国家甚至有好几种语言（比如印度有两种官方语言，而在其领土上使用的语言超过 800 种）。

大多数情况下，一个国家的官方语言的名称与这个国家的名称相关。例如，法国人说法语，而德国人说德语……

你知道吗？

△国际世界语协会的旗帜

1887 年，波兰人拉扎鲁·路德维克·柴门霍夫公布了一种他自己创立和发展出来的新语言，希望帮助母语不同的人们互相交流。这就是世界语。

世界上有很多种语言，它们各自的字母表也不尽相同。因此，世界各地的人书写的方式千差万别。

在俄罗斯及其他斯拉夫语系的国家，人们使用的是西里尔字母。虽然，不同国家的字母略有差异，但每天有大约 2 亿人在使用它进行阅读和书写！

古老的阿拉伯字母也同时被许多国家使用。其特别之处在于，它是从右到左阅读的！

在亚洲，中文汉字的文字体系随时间推移不断演变，但它从根本上来说是表意文字，即用具有象征意义的符号来表示文字。因此，每个字都对应一个符号。这样一来，你必须认识很多很多符号才能进行阅读！

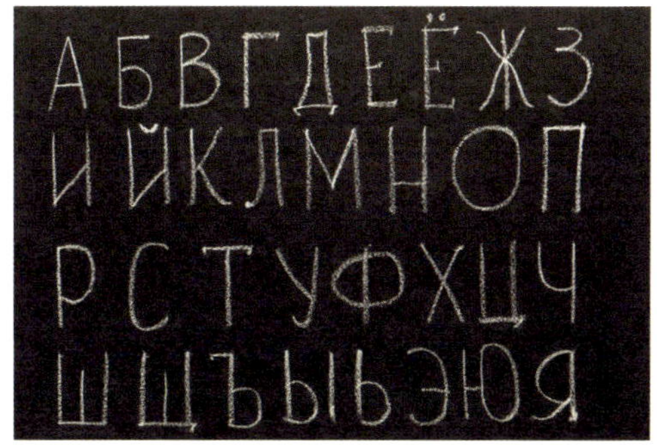

ا ب ت ث ج ح خ
د ذ ر ز س ش ص
ض ط ظ ع غ ف ق
ك ل م ن ه و ي

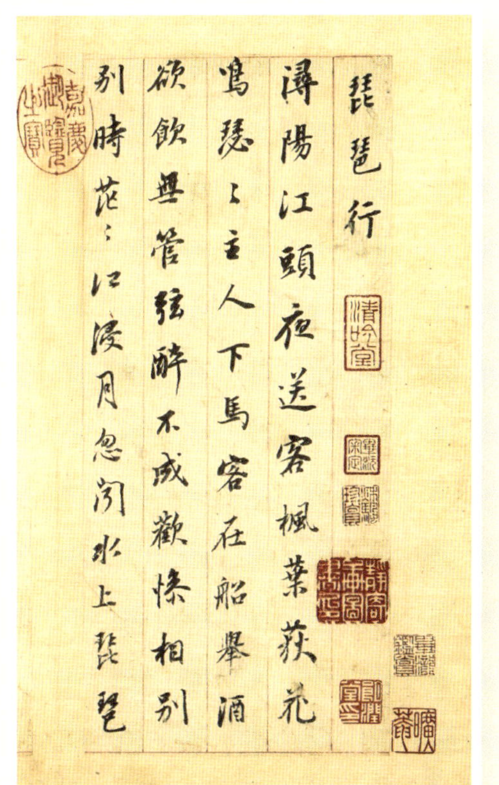

△明朝董其昌《琵琶行》行书作品节选

日本人有时候横着书写，有时候竖着书写。

请为这个新的国家创建一套字母表。你可以从世界上现存的各种文字体系中寻找灵感，也可以发明一套全新的字母表来创建自己国家的语言体系。

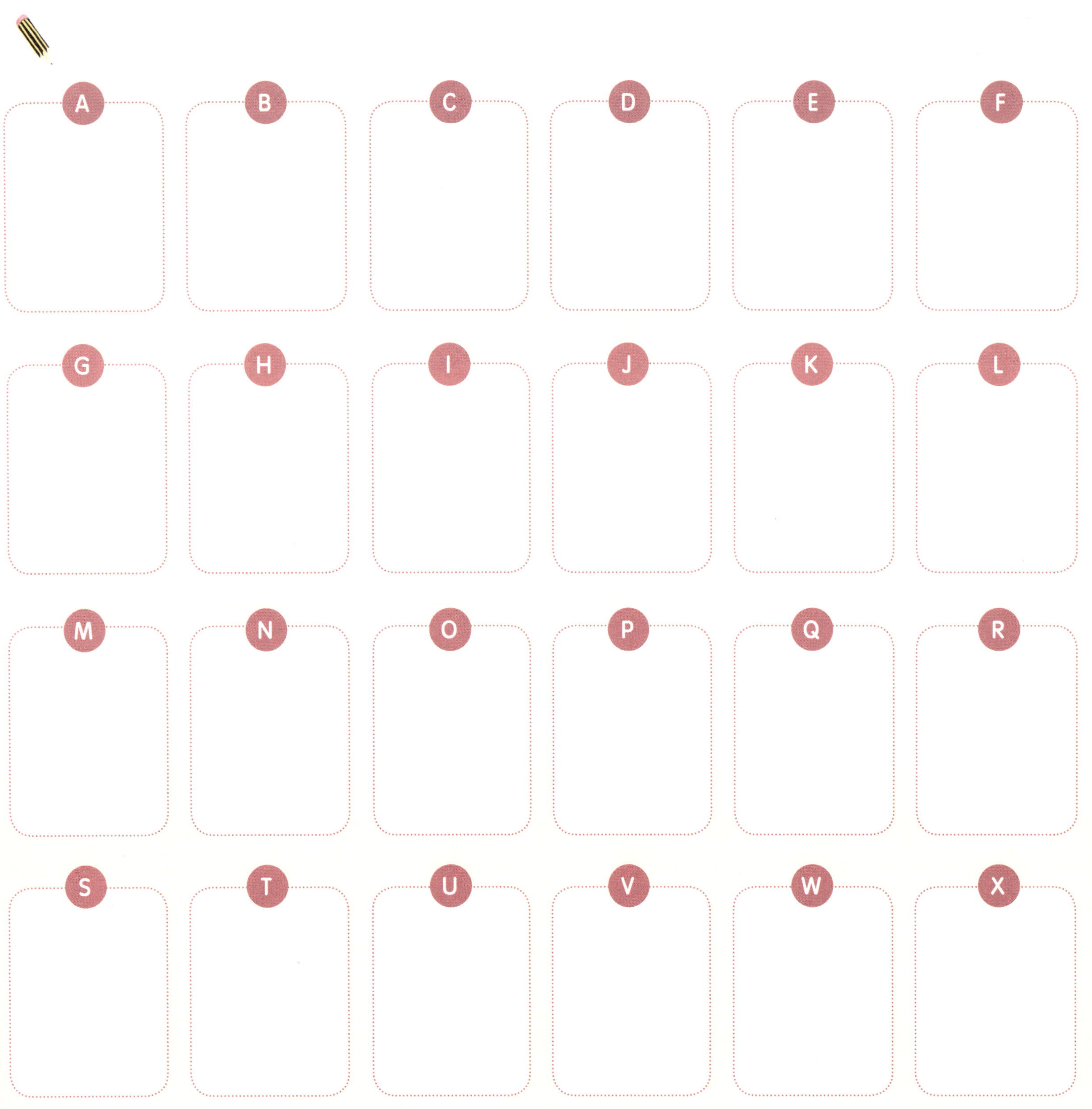

请用你发明的字母，写出新国家的名字吧。

请你来给新国家的语言起个名字吧。祝贺你成为这门新语言专业的第一个毕业生！
请在毕业证上写出新语言的名称和你的名字。你可以使用你发明的字母哟。

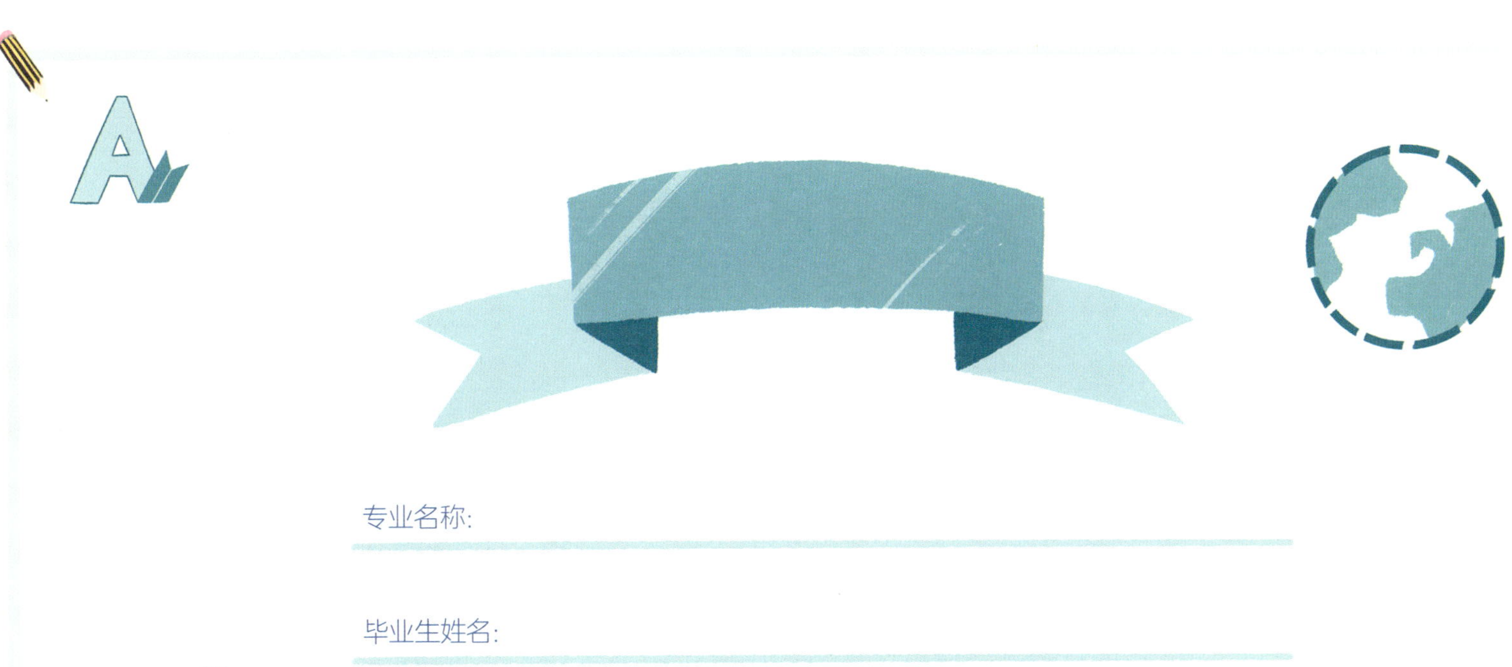

专业名称：

毕业生姓名：

毕业地点：阿斯特里亚斯星球

国家的地理特征

我想生活在一个有山可以爬、有河可以划皮艇、有大海可以玩冲浪的国家。

我嘛，我希望我的国家有很多令人惊叹的美景，海岸悬崖和瀑布……水资源丰富得永远都用不完。人们使用风力发电，不会污染环境！

每个国家的国土都会呈现出与其他国家不尽相同的自然特征。

有些国家的气候非常炎热，比如阿尔及利亚，它的大部分国土都位于撒哈拉沙漠之中。

有些国家则气候严寒，比如挪威。

有些国家湖泊与河流密布，另一些国家高山耸立，还有些国家拥有活火山……

△爱尔兰的德里克莱尔湖

△冰岛的克维努福斯瀑布

△俄罗斯的托尔巴奇克火山

△法国埃特尔塔的海岸悬崖

△美国的纪念碑山谷

你的新国家可能会有以下这些自然地理要素:

森林

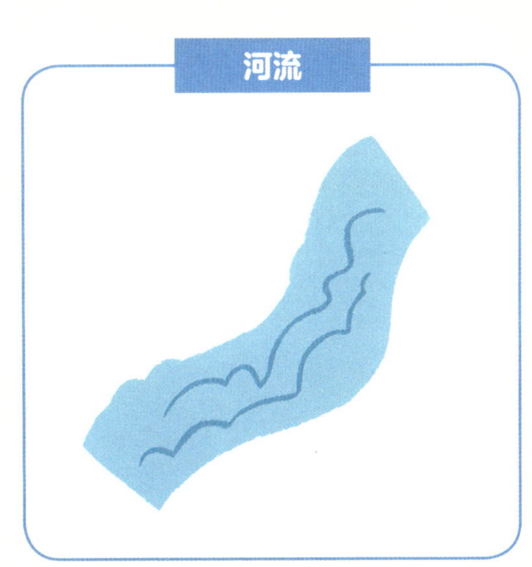
河流

雪山

高山

瀑布

火山

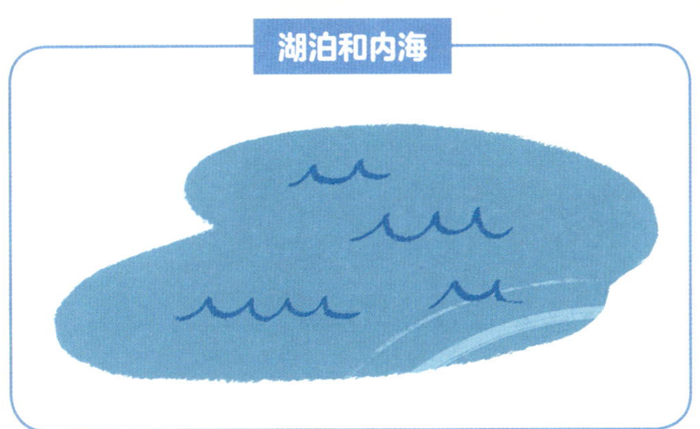
湖泊和内海

悬崖

使用上一页的图形符号，画出阿斯特里亚斯星球上不同国家中的地理要素，然后给这幅地图涂上颜色。

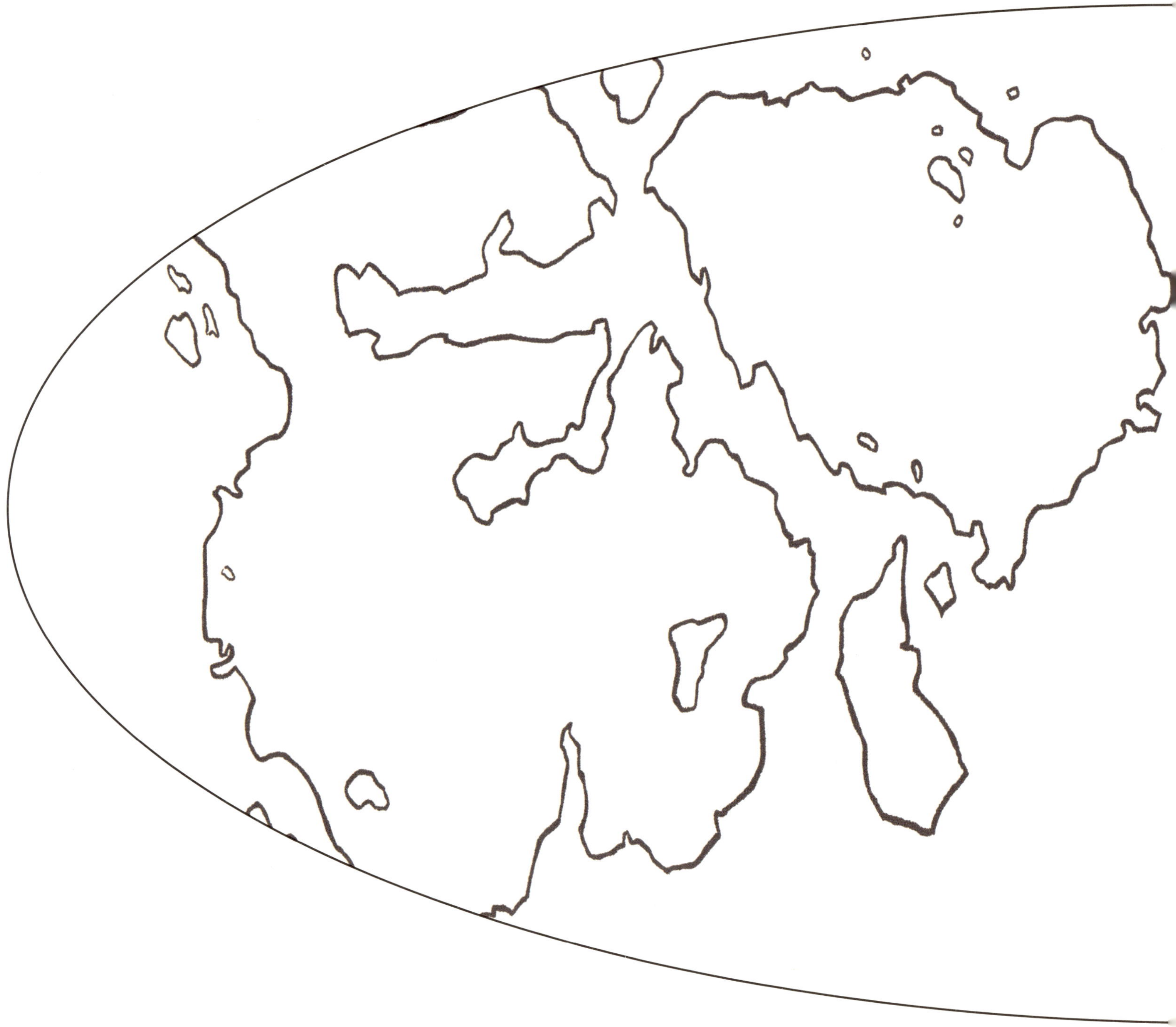

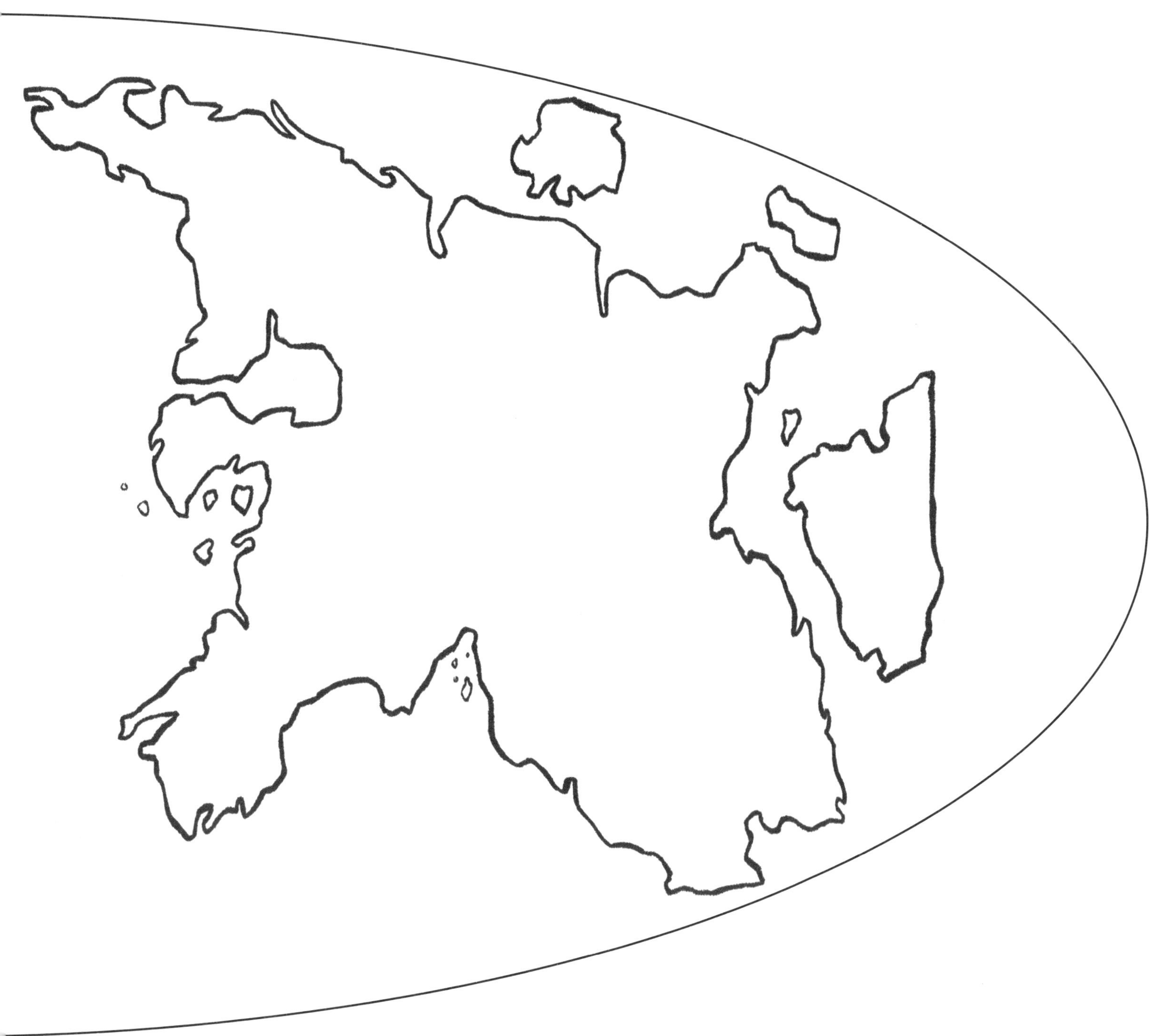

国家的边界

一个国家的边界一般受历史因素或地理因素的影响。

在欧洲，长达几个世纪的战争以及拥有土地的贵族之间的联姻，使得欧洲大陆的地图成为今天的模样。

比如法国在几个世纪的时间里，它与德国和比利时的边界就在不停地变动。

然而，建立边界的最大限制因素还是地理因素。

澳大利亚、马达加斯加以及冰岛都属于岛国，它们很难拓展疆域，因为它们的四周全是海洋！

就像所有的沿海国家一样，巴西东临大西洋，所以它的部分边界受到海洋的限制。

一些河流也可以构成两国之间的天然边界。

但是，一个国家的所有边界全部由某种单一的地理因素决定的情况很少。

就印度而言，它的领土南部以印度洋为界，北部则以一条巨大的山脉——喜马拉雅山脉为界。

再来看看法国，比利牛斯山脉是它与西班牙的边界，阿尔卑斯山是它与瑞士的边界，而莱茵河将其与德国隔开。地中海和大西洋也参与了界定法国的领土范围。

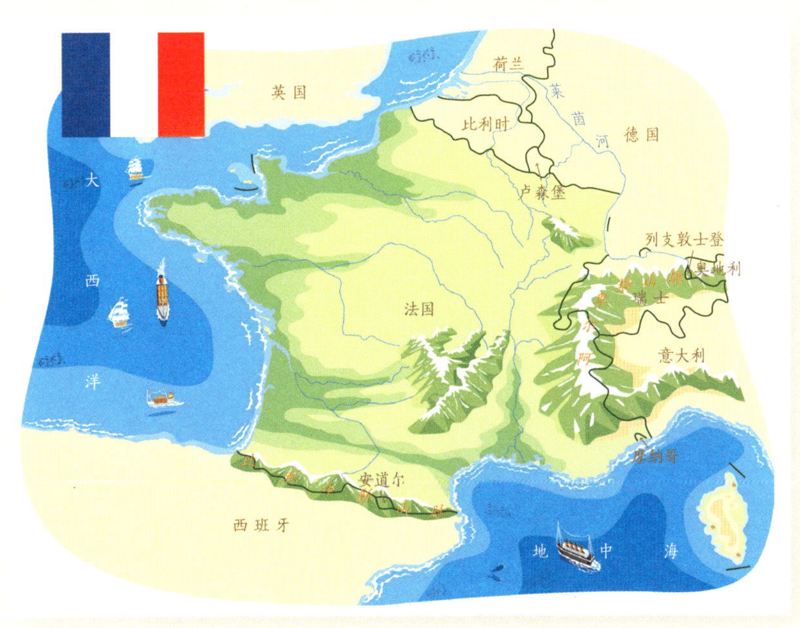

最后，我们发现某些国家的边界笔直得像是用尺子画出来的，至少它们的一部分边界是这样的。比如，埃及与苏丹、美国和加拿大之间都有这种笔直的边界。

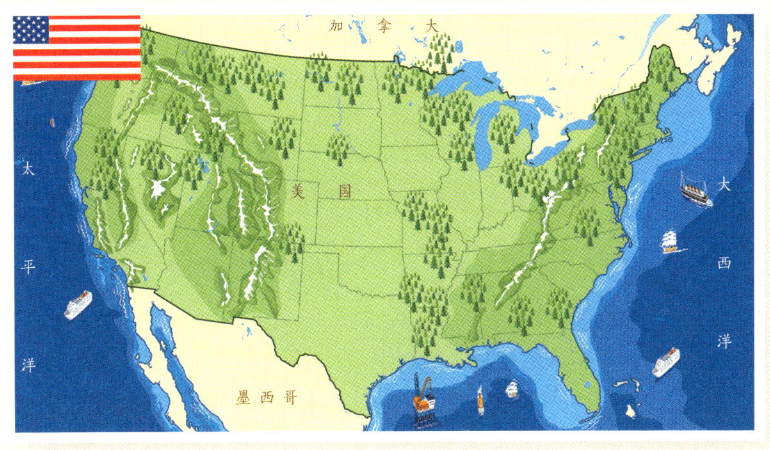

本书插图系原文插附地图

请在阿斯特里亚斯星球上给新国家选定一个位置，再画出它的国界。由你来决定把这个国家放在海边还是内陆，并确定它的大小。接下来，请你在它的疆土范围内画上你已经为它选好的地理要素。最后再给这幅平面图涂上颜色。好，现在看你的了！

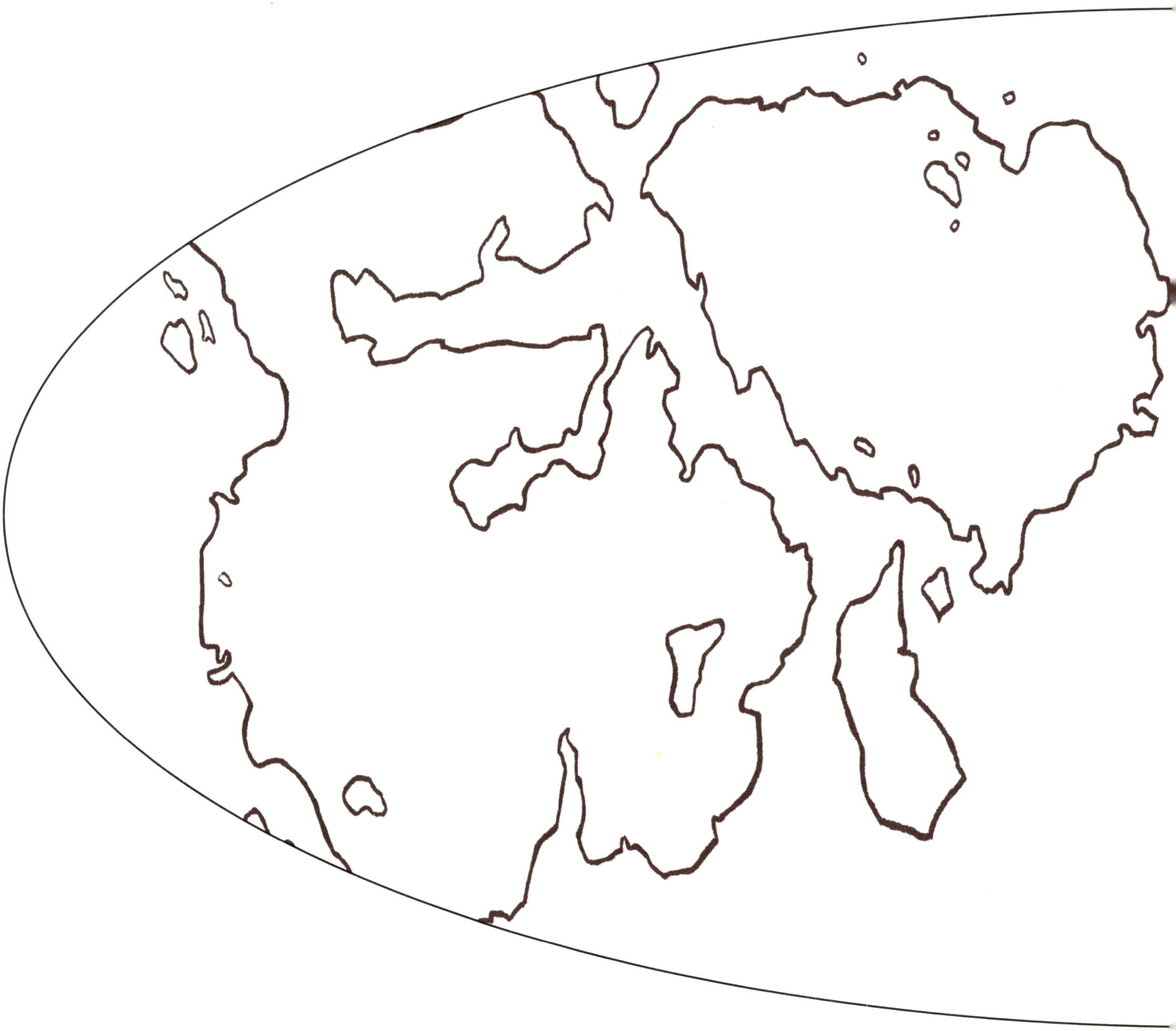

这是我们的格言！

“只要有一颗勇敢的心，就没有什么是不可能的。”这是我的格言！

你该不会是恰好引用了雅克·科尔的格言吧？

所谓格言，就是用一个句子或者仅仅几个词，来表明一个人、一个群体乃至一个国家的核心价值观。

世界上很多国家都有自己的格言。法国的格言是“自由、平等、博爱”；越南的格言是“独立、自由、幸福”；巴西的格言是“秩序与进步”。上述国家都是用几个独立的词来概括自己的价值观。

另外一些国家的格言则采用了句子或短语的形式，比如阿尔及利亚的“人民革命为人民”，西班牙的“大海之外，还有领土”。“团结就是力量”被许多国家奉为格言，比如比利时、保加利亚和玻利维亚。

你知道吗？

在国家有国家格言之前，贵族和骑士家族就有自己的家族格言，这些格言代代相传。其中一些至今仍广为人知，比如法国奥尔良公爵的家族格言是“玩火者必自焚”。一些文学作品中的格言也脍炙人口，比如法国作家大仲马的小说《三个火枪手》中的“人人为我，我为人人”。

以下这些词语，可能有助于你为新国家选择一条国家格言。

友爱

家庭

公正

包容

劳动

幸福

互助

环保

自由

变革

平等

博爱

合作

教育

进步

分享

真理

现在，请你来为新国家和它的人民选择一条国家格言吧。你可以选择你认为重要的价值观，也可以创造一句话。然后，请说明格言的含义。

国徽

徽章是一个人、一种职业、一个国家等的标志。

鸽子是和平的象征。

就一个国家而言，它的象征通常采用该国特有的动物或植物。这些象征物（一个或者多个）有时会出现在国徽上。

许多国家的象征是动物，有些被选中的动物可能会令人啧啧称奇……

大熊猫是中国的标志之一。

科特迪瓦的标志是大象，它象征着智慧与力量。

大家可能不知道，日本的象征之一是蜻蜓，因为生活在日本的蜻蜓数量庞大。

美国将白头海雕作为其象征。

澳大利亚把本国两种特有的动物——鸸鹋（ér miáo）和袋鼠作为象征。

法国的象征有其历史渊源。在古代，这片土地被高卢人占领，古罗马人称高卢人为“Gallus”，而这个词也有“公鸡”的意思，于是公鸡就成了法国的象征。

一些国家选择植物作为象征。比如黎巴嫩的象征是雪松，在这个国家的各种媒体和官方文件上都可以看到雪松的标志，在国徽上也有雪松的图案。

在英国，三叶草是爱尔兰的象征，蓟是苏格兰的象征，玫瑰是英格兰的象征，最让人感到惊讶的是威尔士的象征：韭葱！

一些国家选择在国旗上使用自己的象征，不仅如此，在国徽上也会使用这些象征。

徽章的传统可以追溯到中世纪，当时的贵族家庭都会设计代表自己家族的族徽图案，作为识别标志。骑士们会把这些纹章绘制在他们的盾牌上。

徽章和标志上还经常出现格言。

△狮子和猴面包树是塞内加尔的象征

（国徽上的法语词义为：一个民族，一个目标，一种信仰）

阿斯特里亚斯星球上栖息着各样新奇的物种。请参考上面的这些提示，想象一下在这个新的星球上的动物和植物会是什么样的，并把它们都画出来。

请选出新国家最有代表性的动物或者植物，然后把它们画在下面的国徽上。你也可以选择几种动物或植物，最后在飘带上写下新国家的格言。

国旗

旗帜是用一块布做成的，用以代表一个国家或一个组织。每种旗帜的图案都是由象征元素构成的，这些象征元素要么含有一定意义，要么代表某种事物。

有些国旗的图案包含简化的国家地图；有些包含标志性建筑；也有一些包含国徽，或者与国家历史有关的元素，还有些国旗的图案甚至可以包含国家的名称！

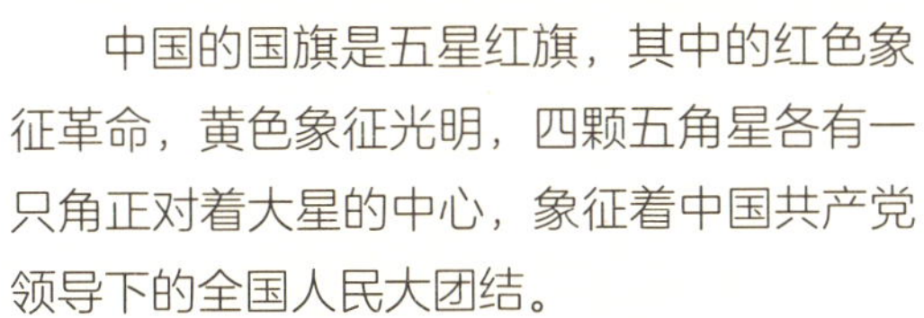

中国的国旗是五星红旗，其中的红色象征革命，黄色象征光明，四颗五角星各有一只角正对着大星的中心，象征着中国共产党领导下的全国人民大团结。

法国国旗的历史可以追溯到法国大革命之后的那段时间。它的图案反映了这个时期的历史：蓝色和红色是巴黎这座城市的象征颜色，当时许多重要事件都发生在这里，中间的白色则是君主制的象征。

巴西的国旗上包含它的国家格言“秩序与进步”，其中的星星图案象征着组成这个国家的各个州。

美国国旗上的 50 颗星星代表其全部的 50 个州，13 根横条代表其建国之初的 13 个州。被称为“星条旗”的美国国旗，它今天的样子是在历史的进程中不断演变而成的。最开始“星条旗”上的星星与横条数量相等。

塞舌尔的国旗与其他多数国家的国旗不同，它的图案不是由条纹组成的。它用蓝色代表天空和海洋，用黄色代表太阳，用红色代表人民，用白色代表正义与和谐，用绿色代表地球和自然。

一些国旗上带有国家的标志，比如黎巴嫩的国旗上有一棵雪松，它是该国的象征。

日本有“日出之国”的称号，它的国旗被称为“日章旗”，其图案包含一个代表太阳的红色圆形。

现在，请你来设计新国家的国旗！你可以为它选择一种单一的颜色，也可以使用几种颜色；你可以写上国家格言，或者把简化的地图画在上面，还可以画上一些象征元素……

货币

由谁来给咱们新发现的植物起名字？掷硬币决定好不好？

一个国家的货币使得人们可以在其领土范围内把商品或服务换成金钱。因此，它可以把商品或服务的价值以价格的形式确定下来。

法国使用的货币是欧元。因此，当人们想在法国购物时，就会询问它的欧元价格。

货币主要有硬币和纸币两种形式，我们就是用它们来换取我们想要的商品。

你知道吗？

人们并不是从一开始就使用纸币或者硬币来购买自己需要的商品的。在古罗马时代，士兵们的部分报酬是用盐来支付的！（因为盐在当时是非常昂贵的东西。）

各个国家货币的名称，以及硬币和纸币的外观都不尽相同。各种货币也都有自己的币种符号。有时几个国家使用相同的货币名称，例如，美国和澳大利亚的货币都被称为元（dollar），它们的符号都是 $。为了区分，美国的货币叫美元，澳大利亚的货币叫澳元。

△面值100美元的纸币

△墨西哥面值10比索的硬币

欧元的符号是€，它流通于大部分欧盟成员国（包括法国、德国、西班牙和意大利等）。

△面值10欧元的纸币

世界上有好几个国家的货币都叫作比索，包括古巴、智利、阿根廷、墨西哥等国。菲律宾的货币也叫作比索，它的符号是 ₱。

你想好给新国家的货币起个什么名字了吗？咱们一起把所有的纸币和硬币都画出来吧！

身份证

身份证是一种人们用来证明自身身份的官方证件。各个国家对于身份证的规定不尽相同，有些国家规定其居民必须持有身份证，有些国家可能并没有这样的强制性要求。

自 1984 年起，中国大陆地区开始实行居民身份证制度。每个居民的身份证上都有一串独一无二的数字，对应其个人身份信息。这串数字就是身份证号码，共有 18 位。其中，第 17 位为性别码，一般男性为奇数，女性为偶数。第 18 位为校验码，由数字 1—10 组成，但由于数字 10 是个两位数，于是就用罗马数字“X”来代替。

国家不同，身份证的尺寸和其所包含的信息也有所不同。许多国家喜欢采用信用卡的尺寸，而法国身份证的尺寸要大一些。

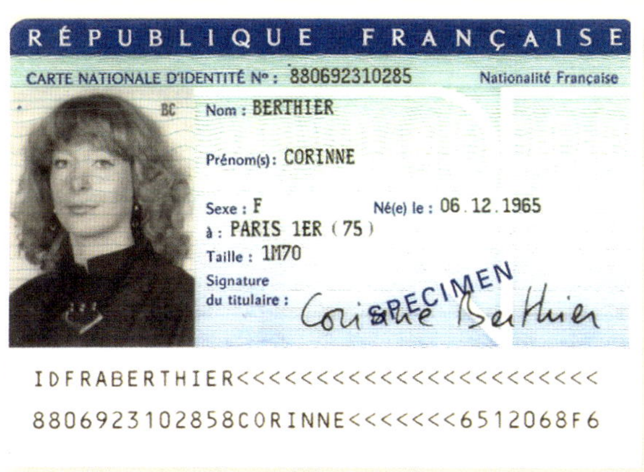

△法国公民的身份证

△罗马尼亚公民的身份证样式（还没有填写任何信息）

△以色列公民的身份证样式

△在美国，护照可用来当作个人身份的证明

无论哪个国家的身份证，一般都会包含持有人的如下相关信息：

- 姓名
- 性别
- 民族
- 出生日期
- 住址
- 照片

有的还会包含：代码、指纹或者父母的姓名等信息。

鉴于身份证属于官方证件，身份证上通常都会印上本国的象征性图案：有的是国旗，有的是简化的国家地图，还有的是国徽。

请你来设计你自己的新身份证吧！你可以使用你在前几页已经设计好的所有象征图案、字母表，然后填上你选择填写的个人信息。

阿斯特里亚斯国家身份证号码 56027041992371

姓:

名:

签字:

首 都

一个国家的首都是其中央政府所在的城市。大多数情况下，它是一座大城市，城市里的各种工程性基础设施（能源传输系统、道路交通系统、环境卫生系统等）和社会性基础设施（文化教育、商业服务、医疗卫生等）都相对完善。

我在想我们国家这个最重要的城市会是什么样子的……

△秘鲁首都利马

不同国家的首都差别非常大：有些国家的首都以巨型摩天大楼和未来主义风格的建筑最为引人注目，而另一些国家的首都则更注重建设绿地和发展公交，以使其变得更加环保，更加具有可持续性。

你知道吗？

在奥地利首都维也纳，公园和绿地的面积达到了城市总面积的一半。

△中国首都北京

△捷克共和国首都布拉格

△阿尔及利亚首都阿尔及尔

在首都这样重要的城市，人们不仅可以看到政府重要机构的大楼，同时也会发现以下这些建筑和设施:

写字楼

学校

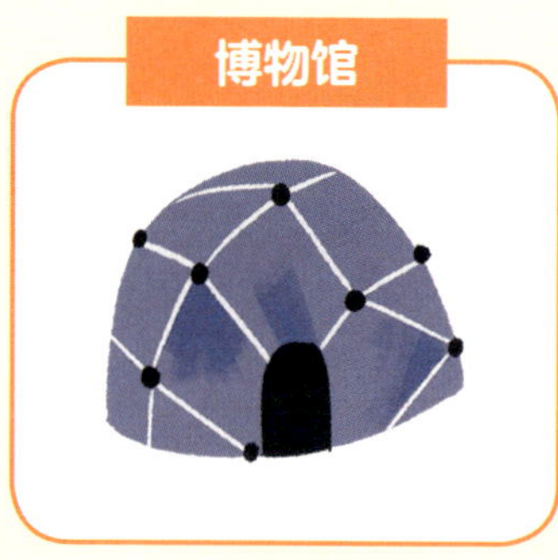
博物馆

纪念性建筑

公园和花园

住宅区

溜冰场

游泳池

游乐场

动物园

体育场

图书馆

你也可以按照自己的想法，给新国家的首都添加其他的建筑与设施！

这是新首都的平面地图。请画出你梦想中的城市吧，然后再给它起个名字。

名字：……………………………………

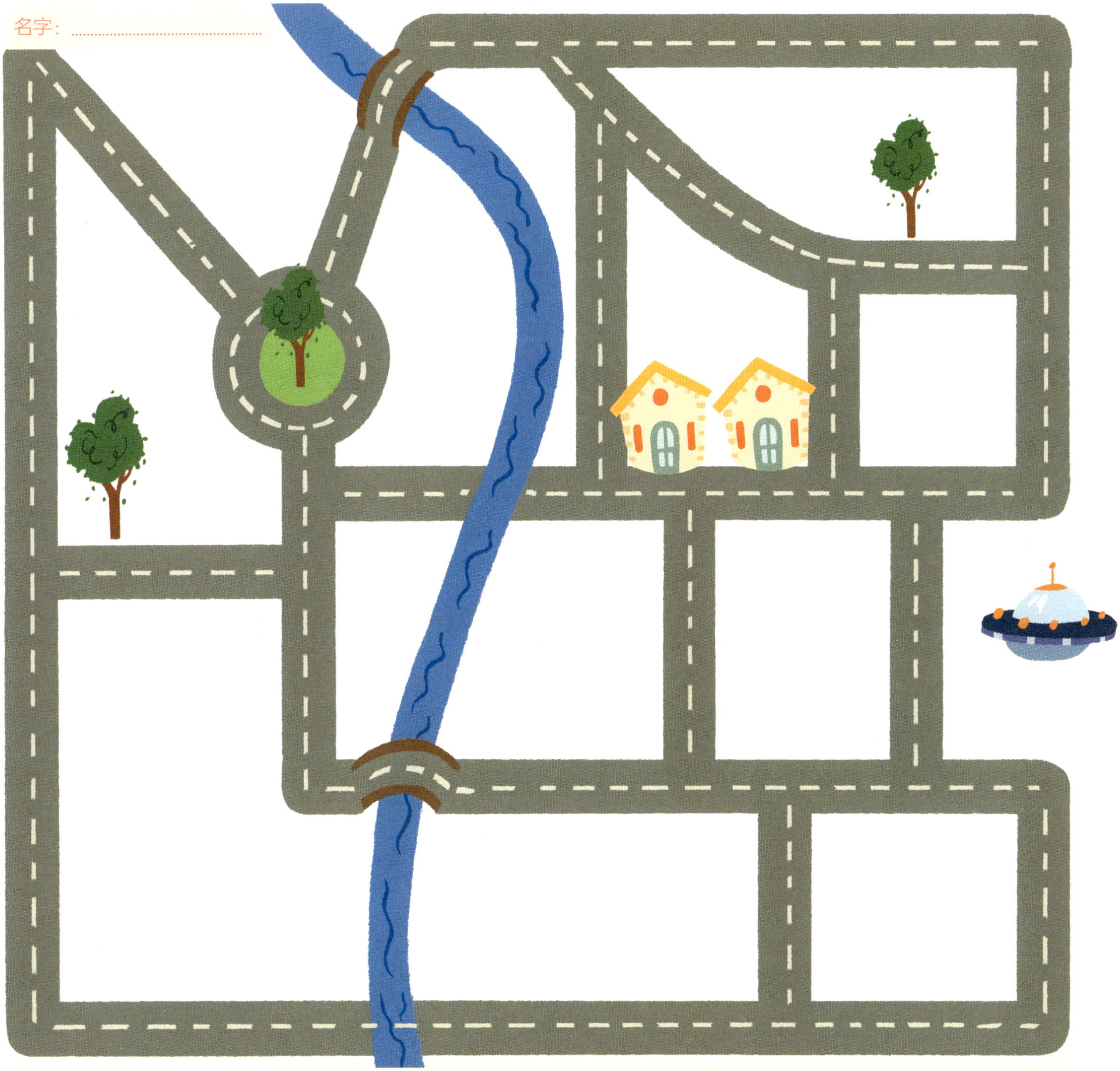

纪念性建筑

每当我漫步街头时，总是期望能与一座壮丽的纪念性建筑不期而遇！

△1889年为巴黎世界博览会而建造的埃菲尔铁塔，在其后几十年的时间里一直保持着世界最高建筑的纪录

纪念性建筑是指由于以下几个原因而闻名遐迩的建筑物或大型雕塑作品：为了向某人致敬；为了纪念某个事件；或者因为其造型优美或规模宏大。

世界各地有很多纪念性建筑，它们彼此差异很大。有些是新近修建的，还有一些则已经跨越了千百年，但它们有一个共同之处，就是都会吸引众多的游客。

有些纪念性建筑简直就是建筑史上的壮举。

△4000多年前建于埃及的吉萨狮身人面像

△中国的万里长城，修建之初是保卫中原地区免受北方民族侵略的军事设施

有些纪念性建筑属于宗教建筑，它们被其信徒视作伟大和崇高的象征，因此，通常都气势雄伟，装饰华丽。

◁16世纪建于俄罗斯莫斯科的圣瓦西里大教堂

△17 世纪建于土耳其伊斯坦布尔的蓝色清真寺

△巴西里约热内卢的救世基督像，从 710 米的高处俯瞰整座城市

还有一些纪念性建筑是为了纪念某个名人、某个历史事件，或者是为了宣扬某种思想、观念而修建的。

△美国华盛顿的林肯纪念堂，是为了纪念第16任美国总统

△美国纽约的自由女神像，它的全名是“自由照亮全世界”

△印度阿格拉的泰姬陵，是国王沙贾汗为了纪念自己的妻子而下令建造的陵墓

请画出一座或几座纪念性建筑来庆祝新国家的成立吧。

阿斯特里亚斯的历法

现在，咱们来看看历法吧。地球围绕太阳公转一周的时间是 365 天，也就是说，在地球上，一年是 365 天。那么，在阿斯特里亚斯星球上，一年是多长时间呢？

在地球上，我们以日、周、月和年等为单位来计算时间。我们使用日历来确定我们处在流动时光中的哪一天。这个方法很实用，不过，一年所代表的天数并不是随意决定的！实际上，它刚好是地球围绕太阳公转一周所需要的时间。

你知道吗？

实际上，地球每绕太阳公转一周需要365天零几小时。所以，我们每隔四年就要在日历上增加一天。不然的话，总有一天我们会在7月份遭遇冬天！

我们现在使用的日历是公历，它把一年 365 天划分为 52 个星期、12 个月。但历史上还有过其他的历法。

大革命后，法国实施了新的历法。该历法规定每星期有 10 天，所以每 10 天才有一个休息日，而现在我们每 7 天就有一个休息日。

在法国大革命历法中，一年中的 12 个月都有别名，这些别名与气象和自然现象相关。例如，雨月和风月分别对应多雨和多风的月份，花月对应鲜花盛开的月份，热月对应高温炎热的月份。

地球上一个星期当中每天的名称都与太阳系中的天体有关系。星期一是月亮日，星期二是火星日，星期三是水星日，星期四是木星日，星期五是金星日，星期六是土星日，星期天是太阳日。

在阿斯特里亚斯这颗行星上，一年代表它围绕自己的恒星赫利奥公转一周所需要的时间。每周有 5 天，每月有 7 周，一年有 8 个月，也就是每年有 280 天。

请你给阿斯特里亚斯星球一星期中的每一天都起个名字，再给它们分别设计一个符号，这样你就可以区分休息日和上学日了。

每个国家都有公共假期，也就是大家都不用工作的日子。有些公共假期来源于宗教，有些是为了庆祝重要的历史事件，例如战争结束日或国家独立日。

请你给阿斯特里亚斯星球上一年的 8 个月各起一个名字，然后想象一下一年当中季节的变化、大自然的变化，以及色彩的变化，并把这些都画出来。

请你来为新国家制定它的公共假期，确定它们的日期并给它们命名。它们可以涉及元旦、国庆日、天文学家发现阿斯特里亚斯的纪念日，或者是人类第一次登上这个星球的纪念日……

一切由你来决定！

国庆节

世界上的大多数国家都有特定的一天来庆祝国家的诞生。这样所有国民都可以参加庆祝活动，来表达对祖国的热爱。有些活动庄严肃穆，有些则轻松快乐。

1949 年 10 月 1 日，是中华人民共和国成立的日子。这一天，人们在天安门广场上举行了盛大的开国大典。从此，每年的这一天就成了全中国各族人民隆重欢庆的节日。

国庆的庆祝活动丰富多彩。一切都有可能会被人们用国旗的颜色加以展现（如妆饰、服装、食物等），街道上经常会以彩带和小国旗进行装饰。

在中国，每逢国庆佳节都会举行盛大的庆典或者阅兵仪式。国庆节期间，天安门广场上会摆放“祝福祖国”的标语和大型盆景等，全国人民在欢乐的气氛中迎接国庆。10 月 1 日这天清晨，很多人会来到天安门广场观看一场特别的升国旗仪式。

国庆这天，当夜幕降临时，几乎全国各地都会举办庆祝晚会。人们聚在一起载歌载舞，同时还有烟花表演供人们欣赏。

一个国家的国庆节通常与其现行政治体制相关。和法国一样，古巴和埃及的国庆日也是革命纪念日。很多国家的国庆日都是它们的独立日。但也有一些国家的国庆日是其国王加冕日。

许多国家在国庆节这天都会举行阅兵仪式，同时还会有丰富多彩的庆祝活动，比如跳民族舞蹈、奏民族音乐、游行，以及烟花表演！

△在悉尼港举办的船舶装饰锦标赛

△中国的舞龙表演

△荷兰国庆节期间阿姆斯特丹运河的景象

国庆节并不是一个国家的国民唯一可以聚会庆祝的节日，其他一些节日的庆祝活动也很有趣，甚至充满诗意，比如中国的端午节。

在印度，每逢洒红节（色彩之节），人们会来到大街上互相抛撒彩色粉末或颜料来庆祝春天的来临。

请你设想一下你所期望的阿斯特里亚斯新国家国庆节的庆祝活动。然后，请画出这些庆祝活动的场景并给它们涂上颜色。

国家运动

一项运动能给够称为国家运动，一般基于两种情况：法律宣布它为国家运动，或者这项运动在一个国家非常受欢迎。

我喜欢所有的运动，但哪一项运动可以称得上是国家运动呢？

虽然斯里兰卡的官方国家运动是排球，但在这个国家最受欢迎的运动却是板球。板球是一项团体运动，两队运动员在椭圆形草地球场上以棒击球，进行比赛。

世界上有许许多多、各不相同的国家运动。有些是单人运动，有些是团体运动。在欧洲，很少有人知道“特乔”这项运动，而它却是哥伦比亚的国家运动。运动员将金属圆盘投向一个镶嵌在黏土中的靶子上，靶心由一些填满火药的小三角盒构成。小三角盒一旦被投掷者投出的金属圆盘击中，就会爆炸。进行这项由美洲印第安人发明的运动，需要一条 20 多米长的跑道。

在加拿大，冰球是人们最喜爱的运动项目。这个国家也是现代冰球运动的发源地。冰球是一项团体运动，把冰球击入由对方守门员防守的球门就可得分。在冰场上，球员们穿着笨重的保护服，一边滑行一边用球杆控制着冰球。

赛艇这种水上运动，在英格兰特别流行。赛艇运动既可以在河里进行，也可以在海上进行。运动员握住长长的桨柄后拉和推桨，利用杠杆原理推动狭窄的艇身前进。

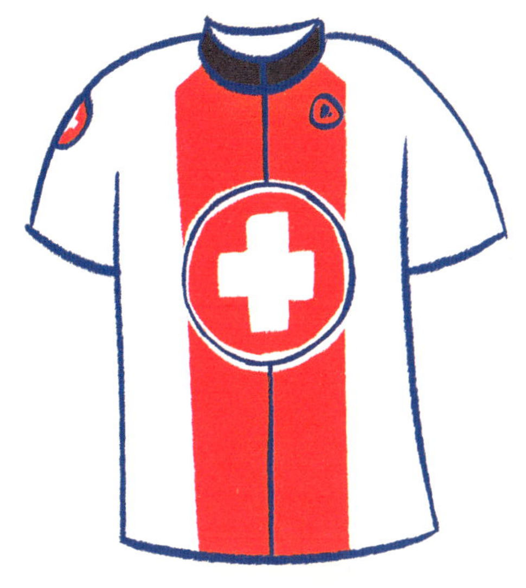

△瑞士国家自行车队的队服

虽然有些运动从严格意义上讲并不是国家运动，但通常各国也还是会召集本国在这些运动项目上表现得最优秀的男女运动员，组成国家队。国家队队员会穿着适合其运动项目的队服，队服会使用象征国家的颜色并印上国徽图案，当然队服款式也会时常更新。

△丹麦国家曲棍球队的队服

△法国国家橄榄球队的队服

现在，请你来选择新国家的国家运动！你可以从现有的运动中选择一项自己喜欢的，也可以发明一项全新的运动。在下面画出从事这项运动所需要的装备：球或其他抛射物，球拍、球杆、球棒或其他器械，以及球门、篮筐，等等。

请画出新国家国家队的队服，别忘了使用国旗的颜色，还有国徽图案。

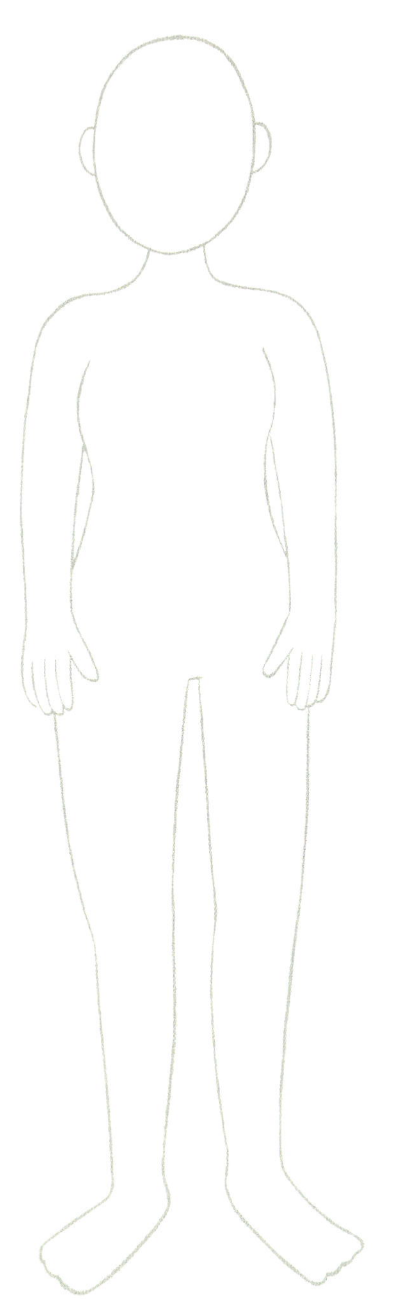

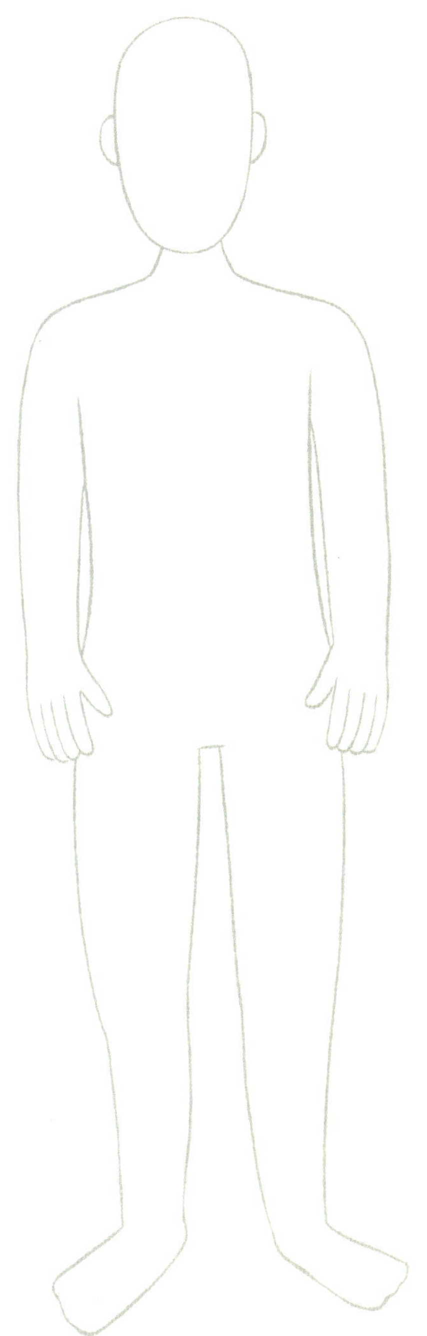

穿上制服

制服看上去总是那么沉闷乏味。如果让我来设计，肯定会好看得多！

制服是一个团体的成员（例如消防员、警察或军人）被强制要求穿着的服装。制服通常要满足职业的特定需求。

军装的款式和颜色要满足便于行动和具有隐蔽性的需求，不过每个国家的军装都不尽相同。

加拿大皇家警察，通常又被称为“骑警”，他们的制服看上去非常炫目。

消防员的制服必须能够防火，而且在夜间或烟雾中必须十分显眼。因此，世界各地的消防员制服看上去都差不多。

但各国警察的制服则千差万别。

英国警察佩戴的半球形头盔，也叫博比盔，跟骑士的头盔有点儿像。

△日本的警服

△俄罗斯的警服能够抵御严寒

还有其他一些行业的专业人士也要穿着制服，比如法官和律师。

△英国律师

△英国法官

在大多数国家，他们的制服是一件宽松的黑色长袍。根据职位的不同，长袍的款式和装饰会有简繁之别。

有些国家，比如英国，还有肯尼亚和津巴布韦，他们的律师会戴假发，特别有趣。

世界上许多国家的学校都有穿校服的惯例。不同国家、不同学校的校服款式和颜色可能都不一样。但在马来西亚，所有公立学校的校服都是一样的。 而在日本的一些学校，甚至连双肩背书包都是统一的。

△有些国家的校服包括西装外套和领带

△古巴小学生的校服

△日本的小朋友背着学校统一规定的书包

请你来绘制新国家里各行业人员的制服：消防员、警察、法官的制服，还有学生的校服（男性或女性的都可以）。

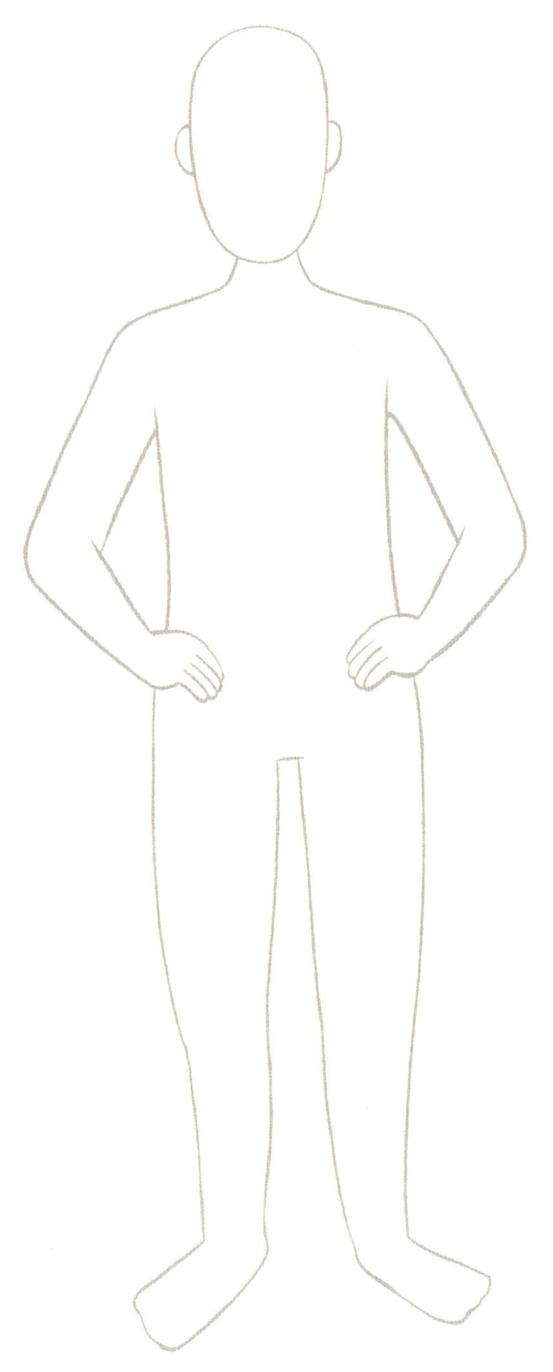

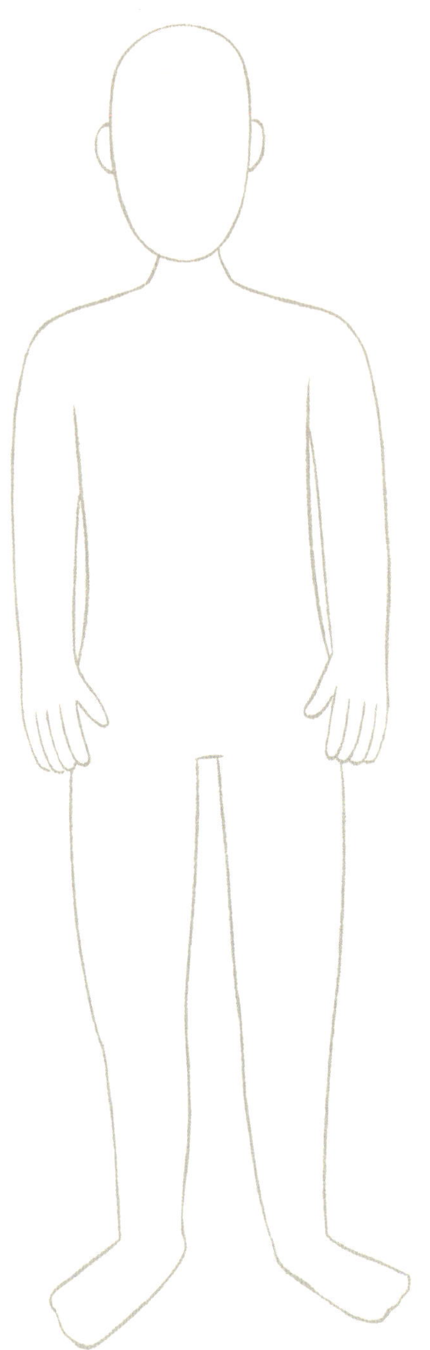

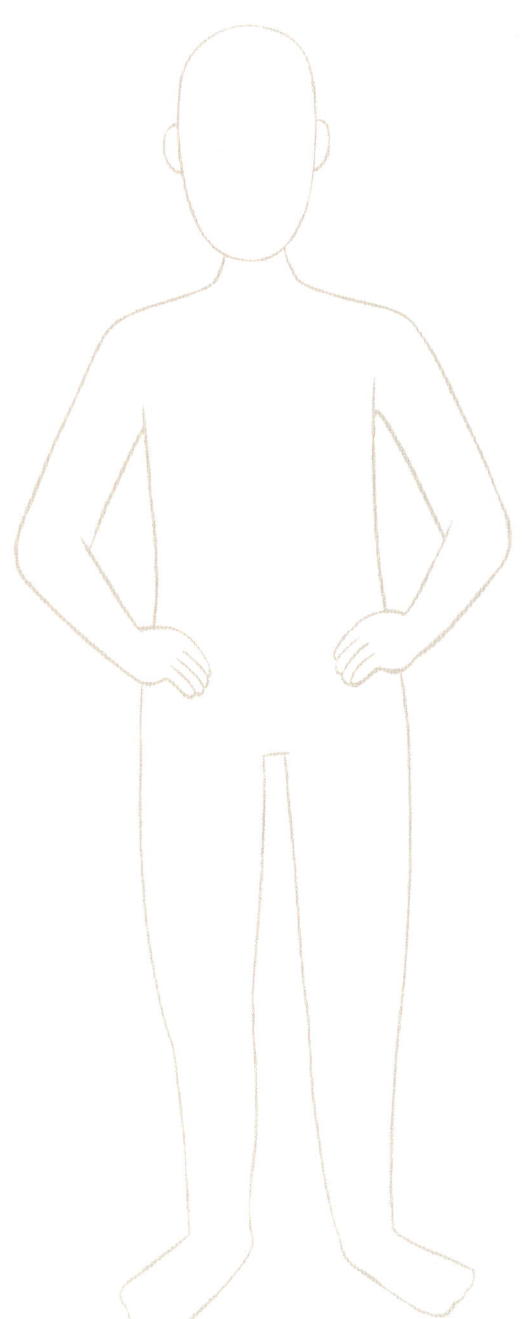

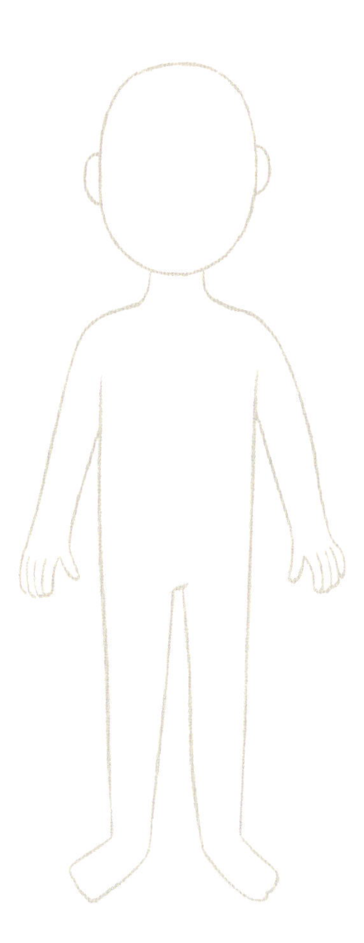

车 辆

我长大后要当一名消防员或者警察……反正，我得有一辆带警笛的汽车！

每个国家都有那种人人可以快速辨识的车辆——应急车辆。它们配有警示灯和警报器，从很远的地方就可以看到和听到。

世界各国的警车颜色差别很大。

△阿联酋迪拜的警车是绿、白两种颜色

△英国的警车车身上有黄、蓝相间的方格

法国的警车是白底上有红、蓝两种国旗的颜色。

消防车也属于应急车辆。世界各国对于消防员的交通工具似乎有一种共识——无论哪个国家，消防车都是红色的。

△俄罗斯的消防车是红色的

△土耳其的消防车也是红色的

△巴西的消防车是红色的

最后，我们来看看这类车，虽然它们不属于应急车辆，但同样所有人一眼就能认出它们来，这就是出租车。出租车的车顶上都装有灯牌，很容易识别。在法国，车顶灯牌是区别出租车与其他车辆的唯一标志。而有些国家还采用了其他办法让它们的出租车更显眼！

西班牙马德里的出租车在白色的车身上加了红色的斜杠。

美国纽约的黄色出租车世界闻名。

耶路撒冷的出租车是白色的。

在阿根廷布宜诺斯艾利斯，当人们看到黄黑相间的车身时，就知道这是出租车了。

请你来给新国家设计出租车、警车和消防车并涂上颜色。你甚至还可以发明一种前所未有的交通工具，它是阿斯特里亚斯星球所独有的。

来盖房子啦！

不同的国家，其房屋看起来也大不相同，因为这些房屋是为了适应不同的条件而建造的。

传统上，世界各国的房屋都是人们使用在当地可以方便获得的材料建造的。

比如在非洲内陆，人们使用木头、稻草或麦秸和泥巴来建造住宅。而在地球最北端的国家，人们用冰雪来建造住所。

△津巴布韦的住宅

△加拿大的冰屋

人类获得庇护所的最原始的方式是占据岩洞，后来有些群体进一步开凿这些天然的洞穴，把它们改造成了住所。

△土耳其的岩洞

在建设房屋时必须考虑的另一个重要因素是气候条件。实际上，不同的国家，气候条件是有差异的，因此房屋的主要功能也要相应变化：可能主要是为了防寒；或者正好相反，是为了防暑；还可能是为了应对极端天气。比如摩洛哥由于很少会遇到暴风雨，所以屋顶都是平的；而在气候潮湿的法国布列塔尼大区，屋顶都被建成斜坡状，以便快速排水。

△摩洛哥的平顶房屋

△法国布列塔尼的斜坡顶房屋

△智利的吊脚楼

有时，在沼泽地区、湖泊或河流的岸边，土地不够坚固，因此需要把房屋建造在桩基上，就像智利的这个地方。

城市通过建造越来越高的楼房，来解决因人口聚居而导致的空间不足的问题。

然而经过一段时间大量建造房屋之后，现在大家意识到应该将自然融入建筑之中，同时也将建筑融入自然之中。

△荷兰阿姆斯特丹的楼房

△摩纳哥蒙特卡洛的屋顶

△美国芝加哥的高楼大厦

△法罗群岛萨克森地区，村庄的房屋上长满青草

请画出新国家的典型住宅。记得要考虑气候、可方便获得的材料、地理条件等因素。

这个全新的国家致力于为全体人民提供良好的环保型住宅。请你设计一幢既新潮又环保的现代化住宅。

传统服装

大家让我给新国家设计一套典型服装。我已经画了无数份草图，但是……都不够完美！

传统服装不是表演服装，而是一个国家或地区的典型服装。

传统服装的独特性往往体现在它们的颜色、面料或制作方式上，还体现在穿着者居住地的特征上。

如今，人们很少在当地节庆活动或家庭庆祝活动之外的场合穿着传统服装。传统服装往往有着鲜艳的颜色，有的有刺绣，有的由许多元素和配饰（比如头饰、首饰、腰带、罩衫等）构成。

和服是日本的传统服装，阔袖的长袍用腰带固定在腰部，腰带在背后打结。

蒙古族的传统服装用色彩鲜艳的精致面料制成，头饰非常华丽，特别是女性的头饰。

印度传统服装（长袍）的款式与日常服装并无差别，但其面料更加华丽，还要配上面纱和许多华贵的珠宝。

在中国西藏，男人的服装颜色并不出奇，但配饰非常有特色，比如装饰繁复的腰带、头饰等。女人除了穿着色彩艳丽的服装，还会佩戴华贵的珠宝。

墨西哥的传统服装：妇女的裙子带有好几层褶边，是专为跳舞设计的。和许多国家一样，墨西哥人也只在节庆跳舞之际，才会穿上他们的传统服装。

秘鲁的传统服装也是当地人跳民间舞蹈时才穿的服装。

法国没有统一的传统服装，每个地区都有自己有别于其他地区的传统服装。

△法国阿尔萨斯大区的传统服装

△法国布列塔尼大区妇女的传统头饰

请你来给新国家的男生和女生各设计一套传统服装。

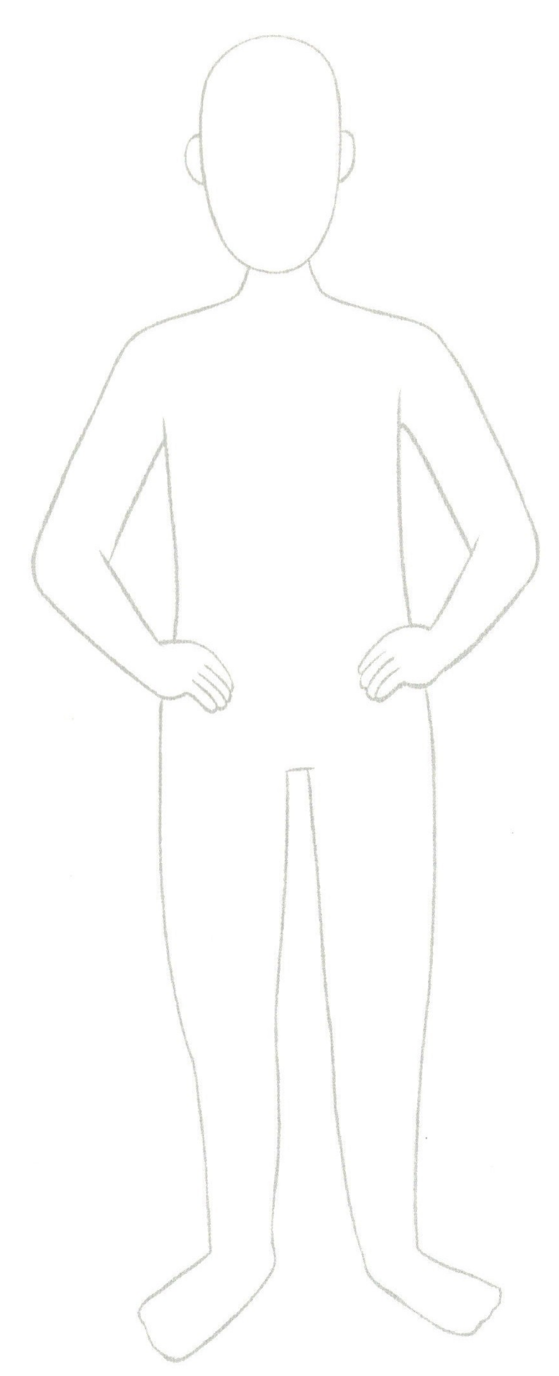

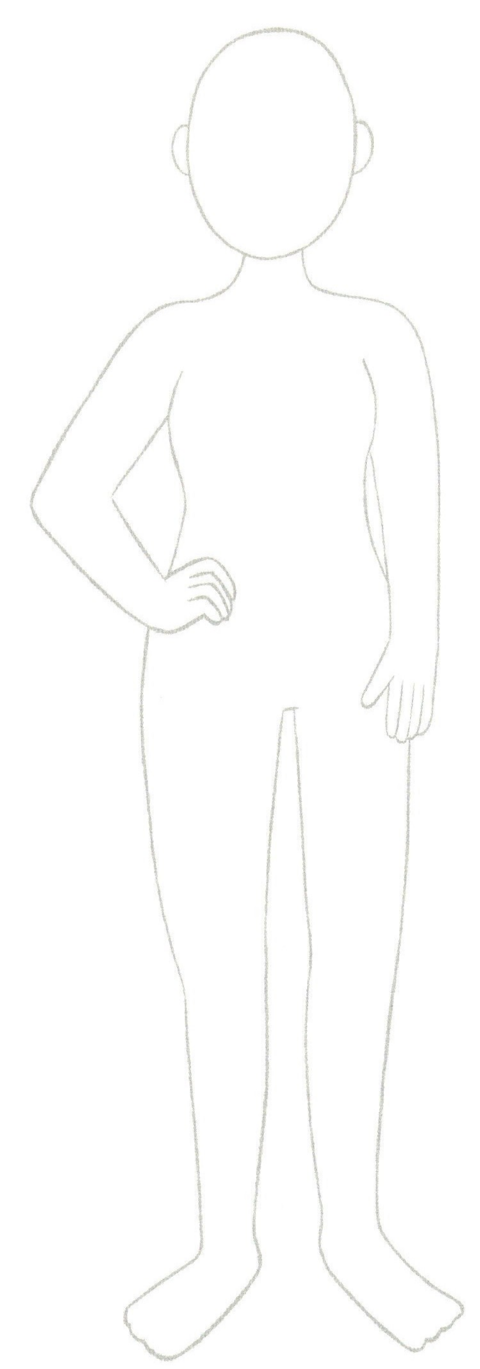

图书在版编目（CIP）数据

我来创造未来世界. 5, 建立一个国家 / (法) 玛丽昂・德穆林著 ; (法) 玛丽娜・佩萨罗多纳绘 ; 周游译. -- 上海 : 上海社会科学院出版社, 2024
ISBN 978-7-5520-4389-1

Ⅰ.①我… Ⅱ.①玛… ②玛… ③周… Ⅲ.①科学知识—儿童读物 Ⅳ.①Z228.1

中国国家版本馆CIP数据核字（2024）第094229号

J'invente mon pays en dessinant
Copyright © 2020 Mila Editions /Rue des Ecoles
Simplified Chinese translation copyright © 2024 Beijing Green Beans Book Co., Ltd.
Simplified Chinese rights are arranged by Ye ZHANG Agency (www.ye-zhang.com)
All rights reserved.

本书中文简体版权由Mila Editions/Rue des Ecoles授权青豆书坊（北京）文化发展有限公司代理，上海社会科学院出版社在中国除港澳台地区以外的其他省区市独家出版发行。未经出版者书面许可，本书的任何部分不得以任何方式抄袭、节录或翻印。

版权所有，侵权必究。

上海市版权局著作权合同登记号：图字09-2023-1175号

我来创造未来世界：建立一个国家

著　　者：［法］玛丽昂・德穆林
绘　　者：［法］玛丽娜・佩萨罗多纳
译　　者：周　游
责任编辑：杜颖颖
特约编辑：晋西影
装帧设计：乔雅琼　盛广佳
出版发行：上海社会科学院出版社
上海市顺昌路622号　邮编 200025
电话总机 021-63315947　销售热线 021-53063735
https://cbs.sass.org.cn　E-mail: sassp@sassp. cn
印　　刷：鸿博昊天科技有限公司
开　　本：787毫米 × 1092毫米　1/12
印　　张：5.3
字　　数：69.3千
版　　次：2024年9月第1版　2024年9月第1次印刷
审 图 号：GS（2024）2620号

ISBN 978-7-5520-4389-1/Z・087　定价：179.80元（全6册）

版权所有　翻印必究

如有印装质量问题，请向青豆书坊（北京）文化发展有限公司调换，电话：010-84675367